Le Garçon Qui Pouvait Parler aux Dinosaures: Histoires Courtes Bilingues Anglais-Français

My Pommeline

Published by My Pommeline, 2024.

While every precaution has been taken in the preparation of this book, the publisher assumes no responsibility for errors or omissions, or for damages resulting from the use of the information contained herein.

LE GARÇON QUI POUVAIT PARLER AUX DINOSAURES: HISTOIRES COURTES BILINGUES ANGLAIS-FRANÇAIS

First edition. October 14, 2024.

Copyright © 2024 My Pommeline.

ISBN: 979-8227055040

Written by My Pommeline.

Table of Contents

The Mischievous Magical Pen

Oliver was a quiet and shy boy who loved to draw. He spent most of his time in his room, sketching animals, superheroes, and strange creatures in his notebook. He had a wild imagination, but he often felt lonely because he found it hard to make friends. His drawings were his best companions.

One afternoon, while rummaging through an old box in the attic, Oliver found a dusty, golden pen. It was covered in intricate designs, and something about it seemed special. He decided to try it out, so he took it downstairs and began drawing on a piece of paper.

The first thing he drew was a bird. With swift strokes, the bird took shape on the page—its feathers detailed and its wings spread wide. But just as Oliver finished the drawing, something unbelievable happened. The bird lifted off the paper and flew around the room!

Oliver gasped in shock. The bird was alive!

He could hardly believe what had just happened. Curious and excited, he drew a butterfly next, and the same thing occurred—the butterfly fluttered off the page and floated around his head. He was amazed. "This pen is magical!" Oliver exclaimed.

At first, everything was wonderful. He drew animals to keep him company, like a friendly dog who wagged its tail whenever Oliver was near. He drew a tiny dragon that blew out harmless puffs of smoke, and even a dancing elephant that performed in his room.

But soon, things started to get out of control. Oliver's drawings didn't always behave the way he wanted them to. One day, he drew a lion, thinking it would be fun to have a brave companion. But the lion roared loudly and chased his other creations around the house! His little dragon hid under the bed, trembling in fear.

When Oliver drew a group of monkeys for fun, they swung from the curtains, knocked over his mother's favorite vase, and made a mess of the living room. He quickly realized that bringing his drawings to life was a bigger responsibility than he thought.

Things took a wild turn when Oliver brought his magical pen to school. He wanted to impress his classmates, so during art class, he drew a giant dinosaur on the blackboard. As soon as the dinosaur came to life, it caused chaos in the classroom, knocking over desks and scaring the teachers. Oliver tried to stop it, but the dinosaur wasn't listening.

Panicked, Oliver decided he needed to figure out how to control his drawings. He rushed home and thought carefully about what to do. He tried drawing a magic wand, but that just floated away without helping. He tried drawing a superhero, but the superhero ran off to fight imaginary villains.

Finally, Oliver realized what he had to do: he needed to take responsibility. Instead of drawing new things to fix the problem, he erased his chaotic creations one by one. The lion disappeared, the monkeys vanished, and the dinosaur dissolved into the air.

Oliver learned that while creativity was a wonderful gift, it also came with responsibility. From that day on, he used his magical pen more wisely, drawing only when he knew he could handle whatever came to life.

Le stylo magique malicieux

Oliver était un garçon calme et timide qui adorait dessiner. Il passait la plupart de son temps dans sa chambre, à esquisser des animaux, des super-héros et des créatures étranges dans son carnet. Il avait une imagination débordante, mais il se sentait souvent seul car il avait du mal à se faire des amis. Ses dessins étaient ses meilleurs compagnons.

Un après-midi, en fouillant dans une vieille boîte dans le grenier, Oliver trouva un stylo doré couvert de poussière. Il était orné de motifs complexes, et quelque chose à son sujet semblait spécial. Il décida de l'essayer, alors il le prit et descendit pour commencer à dessiner sur une feuille de papier.

La première chose qu'il dessina fut un oiseau. Avec des coups de crayon rapides, l'oiseau prit forme sur la page—ses plumes étaient détaillées et ses ailes déployées. Mais juste au moment où Oliver termina le dessin, quelque chose d'incroyable se produisit. L'oiseau s'envola de la feuille et commença à voler dans la pièce !

Oliver écarquilla les yeux de surprise. L'oiseau était vivant !

Il avait du mal à croire ce qui venait de se passer. Curieux et excité, il dessina un papillon ensuite, et la même chose se produisit—le papillon s'envola de la page et flotta autour de sa tête. Il était émerveillé. « Ce stylo est magique ! » s'exclama Oliver.

Au début, tout était merveilleux. Il dessinait des animaux pour lui tenir compagnie, comme un chien amical qui remuait la queue chaque fois qu'Oliver s'approchait. Il dessina un petit dragon qui soufflait des bouffées de fumée inoffensives, et même un éléphant dansant qui faisait des spectacles dans sa chambre.

Mais bientôt, les choses commencèrent à devenir incontrôlables. Les dessins d'Oliver ne se comportaient pas toujours comme il le voulait. Un jour, il dessina un lion, pensant que ce serait amusant d'avoir un compagnon courageux. Mais le lion rugit bruyamment et se mit à poursuivre ses autres créations dans la maison ! Son petit dragon se cacha sous le lit, tremblant de peur.

Quand Oliver dessina un groupe de singes pour s'amuser, ils se balancèrent sur les rideaux, renversèrent le vase préféré de sa mère et semèrent la pagaille dans le salon. Il réalisa rapidement que donner vie à ses dessins était une plus grande responsabilité qu'il ne l'avait imaginé.

Les choses prirent une tournure folle quand Oliver apporta son stylo magique à l'école. Il voulait impressionner ses camarades, alors pendant le cours d'art, il dessina un immense dinosaure sur le tableau. Dès que le dinosaure prit vie, il causa un chaos total dans la classe, renversant des bureaux et effrayant les enseignants. Oliver essaya de l'arrêter, mais le dinosaure n'écoutait pas.

Affolé, Oliver décida qu'il devait comprendre comment contrôler ses dessins. Il rentra chez lui en courant et réfléchit à ce qu'il pouvait faire. Il essaya de dessiner une baguette magique, mais celle-ci s'envola sans l'aider. Il essaya de dessiner un super-héros, mais celui-ci s'enfuit pour combattre des méchants imaginaires.

Finalement, Oliver comprit ce qu'il devait faire : il devait prendre ses responsabilités. Au lieu de dessiner de nouvelles choses pour régler le problème, il effaça ses créations chaotiques une par une. Le lion disparut, les singes s'évaporèrent et le dinosaure se dissipa dans l'air.

Oliver apprit que, bien que la créativité soit un don merveilleux, elle s'accompagne également de responsabilités. À partir de ce jour, il utilisa son stylo magique plus sagement, ne dessinant que lorsqu'il savait qu'il pouvait gérer ce qui prenait vie.

Sophie and the Silly Superpower

Sophie had always dreamed of becoming a superhero. She imagined herself flying through the sky, saving people from danger, and wearing a cool cape. Every night before bed, she would whisper, "Please, let me have a superpower tomorrow!"

One morning, Sophie woke up feeling different. She rushed to the mirror, hoping she could fly or shoot lasers from her eyes. But nothing seemed to have changed. Disappointed, she headed downstairs for breakfast.

As she grabbed a spoon to eat her cereal, something strange happened. The spoon turned into jelly! Sophie stared at the wobbly, jelly spoon in disbelief. "What just happened?" she gasped.

She picked up her cup, and it too turned into jelly, sloshing her drink everywhere. "Oh no!" Sophie groaned. She had finally gotten her superpower, but it was completely useless! Who could save the world by turning everything into jelly?

At school, Sophie was careful not to touch anything. She didn't want to turn her books or pencils into wobbly blobs. During recess, her friends were playing a game of tag, and Sophie watched from the sidelines, afraid of accidentally turning the playground into a jelly jungle.

"Why did I have to get such a silly superpower?" Sophie thought, feeling frustrated.

A few days later, something unexpected happened. During lunch, the fire alarm went off, and everyone had to evacuate the building. The teachers tried to lead the students out calmly, but there was a problem—the main exit was blocked by a heavy metal gate that had malfunctioned.

Panic started to spread among the students and teachers. They couldn't get out!

Sophie watched the chaos unfold. Her heart raced as she realized this might be her chance to help. But how? She thought about her jelly powers. "It's silly, but maybe it could work," she whispered to herself.

With determination, Sophie ran up to the heavy metal gate. She took a deep breath, touched the gate, and—splat! The entire gate turned into a giant jelly blob, wobbly and soft. The students and teachers stared in amazement, then began to laugh as they realized they could now safely pass through the jelly gate.

Everyone cheered for Sophie. She had saved the day!

From that moment on, Sophie embraced her unique superpower. Sure, turning things into jelly wasn't exactly what she had imagined, but it was her special gift. She used it to make her friends laugh, and sometimes even to help her teachers when they needed a break—who wouldn't want their desk turned into jelly for a giggle?

Sophie learned that even the silliest power can be important, and that what makes us different can also make us special.

Sophie et le Superpouvoir Farfelu

Sophie avait toujours rêvé de devenir une super-héroïne. Elle s'imaginait voler dans le ciel, sauver des gens en danger et porter une cape géniale. Chaque soir avant de se coucher, elle murmurait, « S'il te plaît, fais que j'aie un superpouvoir demain ! »

Un matin, Sophie se réveilla en se sentant différente. Elle se précipita vers le miroir, espérant qu'elle pouvait voler ou lancer des lasers avec ses yeux. Mais rien ne semblait avoir changé. Déçue, elle descendit pour prendre son petit-déjeuner.

Alors qu'elle attrapait une cuillère pour manger ses céréales, quelque chose d'étrange se produisit. La cuillère se transforma en gelée ! Sophie fixa la cuillère tremblotante, abasourdie. « Qu'est-ce qui vient de se passer ? » s'exclama-t-elle.

Elle prit sa tasse, et elle aussi se transforma en gelée, renversant sa boisson partout. « Oh non ! » gémit Sophie. Elle avait enfin obtenu son superpouvoir, mais il était complètement inutile ! Qui pourrait sauver le monde en transformant tout en gelée ?

À l'école, Sophie fit attention à ne rien toucher. Elle ne voulait pas transformer ses livres ou ses crayons en blobs tremblotants. Pendant la récréation, ses amis jouaient à chat, et Sophie les regardait de côté, craignant de transformer accidentellement le terrain de jeu en jungle de gelée.

« Pourquoi ai-je eu un superpouvoir aussi farfelu ? » pensa Sophie, frustrée.

Quelques jours plus tard, quelque chose d'inattendu se produisit. Pendant le déjeuner, l'alarme incendie se déclencha, et tout le monde dut évacuer le bâtiment. Les enseignants essayaient de diriger les élèves calmement, mais il y avait un problème : la sortie principale était bloquée par une lourde grille métallique qui avait cessé de fonctionner.

La panique commençait à se répandre parmi les élèves et les enseignants. Ils ne pouvaient pas sortir !

Sophie regarda la scène chaotique. Son cœur s'emballa alors qu'elle réalisa que c'était peut-être sa chance d'aider. Mais comment ? Elle pensa à son pouvoir de gelée. « C'est absurde, mais peut-être que ça pourrait marcher, » se murmura-t-elle.

Avec détermination, Sophie courut jusqu'à la lourde grille métallique. Elle prit une grande inspiration, toucha la grille et—splatch ! Toute la grille se transforma en un énorme bloc de gelée tremblotante et molle. Les élèves et les enseignants restèrent bouche bée, puis éclatèrent de rire en réalisant qu'ils pouvaient désormais passer en toute sécurité à travers la grille de gelée.

Tout le monde acclama Sophie. Elle avait sauvé la journée !

À partir de ce moment-là, Sophie accepta pleinement son superpouvoir unique. Certes, transformer des objets en gelée n'était pas exactement ce qu'elle avait imaginé, mais c'était son don spécial. Elle l'utilisait pour faire rire ses amis, et parfois même pour aider ses enseignants quand ils avaient besoin de faire une pause—qui ne voudrait pas transformer son bureau en gelée pour s'amuser un peu ?

Sophie apprit que même le superpouvoir le plus farfelu pouvait être important, et que ce qui nous rend différents peut aussi nous rendre spéciaux.

The Boy Who Could Talk to Dinosaurs

Leo had always been fascinated by dinosaurs. He had posters of them on his walls, dinosaur toys covering his room, and he could name every species he had ever read about. But he never imagined he would actually meet one.

One rainy afternoon, while exploring the dusty attic of his house, Leo stumbled upon an old, mysterious device hidden behind some old boxes. It looked like a strange metal box with buttons and levers. Curious, Leo pressed a few buttons and—whoosh!—a bright light flashed, and suddenly everything around him changed.

Leo found himself standing in the middle of a jungle. The air was hot and thick with the sounds of birds and rustling leaves. But these weren't ordinary birds. When Leo looked closer, he saw something incredible—a dinosaur! A real, live dinosaur standing just a few feet away, munching on some leaves.

Leo gasped. He had somehow traveled back in time to the age of the dinosaurs!

Before he could panic, the dinosaur looked at him, and to Leo's shock, it spoke! "Who are you, and what are you doing here?" the dinosaur asked, in perfect English.

Leo's mouth dropped open. "You can talk?"

"Of course I can talk," the dinosaur replied, rolling its eyes. "But more importantly, who are you?"

"I'm Leo," he stammered. "I didn't mean to be here. I... I found this weird device in my attic, and now I'm... well, here!"

The dinosaur sighed. "Well, since you're here, you should know things are not going so well in our world. The other dinosaurs are having big arguments, and we don't know how to solve them."

Leo blinked. "Dinosaurs... arguing?"

The dinosaur nodded. "Yes. The carnivores think they should rule everything, and the herbivores think we should share the land. It's causing a lot of trouble."

Leo scratched his head. "Maybe I can help. I've read a lot about dinosaurs. Maybe if I talk to them, I can help them understand each other."

And so, Leo's adventure began. He met all sorts of dinosaurs—some big, some small, some scary, and some friendly. He talked to the fierce Tyrannosaurus Rex, who felt misunderstood. He met a gentle Triceratops, who just wanted everyone to get along. He even spoke with a clever Velociraptor who had a plan to help both sides.

Using what he knew about problem-solving and friendship, Leo helped the dinosaurs see that working together was better than fighting. He suggested they divide the land equally, so everyone could live peacefully. The dinosaurs were hesitant at first, but after talking things through, they agreed.

As a reward for his help, the dinosaurs gave Leo a special necklace made from a shiny stone they had found. "This will always remind you of your adventure here," they said.

With a smile, Leo pressed the buttons on the time-traveling device once again, and—whoosh!—he was back in his attic.

Leo looked around at his familiar room, still in disbelief. He held up the shiny necklace and grinned. "I'll never forget this," he whispered to himself. And from that day on, whenever Leo looked at his dinosaur posters, he smiled, knowing that somewhere in the past, his dinosaur friends were living in peace.

Le Garçon Qui Pouvait Parler aux Dinosaures

Léo avait toujours été fasciné par les dinosaures. Il avait des posters d'eux sur ses murs, des jouets de dinosaures partout dans sa chambre, et il pouvait nommer toutes les espèces dont il avait lu. Mais il n'avait jamais imaginé qu'il en rencontrerait un jour.

Un après-midi pluvieux, alors qu'il explorait le grenier poussiéreux de sa maison, Léo tomba sur un vieux dispositif mystérieux caché derrière des boîtes. Cela ressemblait à une étrange boîte en métal avec des boutons et des leviers. Curieux, Léo appuya sur quelques boutons et—whoosh!—une lumière vive jaillit, et soudain tout autour de lui changea.

Léo se retrouva au milieu d'une jungle. L'air était chaud et rempli des bruits d'oiseaux et de feuilles qui bruissaient. Mais ce n'étaient pas des oiseaux ordinaires. En regardant de plus près, Léo vit quelque chose d'incroyable—un dinosaure ! Un vrai dinosaure, juste à quelques pas de lui, en train de grignoter des feuilles.

Léo eut le souffle coupé. Il avait voyagé dans le temps jusqu'à l'ère des dinosaures !

Avant qu'il ne puisse paniquer, le dinosaure le regarda, et à la grande surprise de Léo, il parla ! « Qui es-tu, et que fais-tu ici ? » demanda le dinosaure en parfait français.

La bouche de Léo s'ouvrit en grand. « Tu... tu peux parler ? »

« Bien sûr que je peux parler, » répondit le dinosaure en levant les yeux au ciel. « Mais plus important, qui es-tu ? »

« Je suis Léo, » balbutia-t-il. « Je ne voulais pas être ici. J'ai trouvé cet appareil bizarre dans mon grenier, et maintenant je suis... ici ! »

Le dinosaure soupira. « Eh bien, puisque tu es ici, tu devrais savoir que les choses ne vont pas très bien dans notre monde. Les autres dinosaures ont de gros désaccords, et nous ne savons pas comment les résoudre. »

Léo cligna des yeux. « Des dinosaures... qui se disputent ? »

Le dinosaure hocha la tête. « Oui. Les carnivores pensent qu'ils devraient tout diriger, et les herbivores pensent que nous devrions partager le territoire. Cela cause beaucoup de problèmes. »

Léo se gratta la tête. « Peut-être que je peux aider. J'ai lu beaucoup de choses sur les dinosaures. Peut-être qu'en leur parlant, je pourrais les aider à mieux se comprendre. »

Et c'est ainsi que commença l'aventure de Léo. Il rencontra toutes sortes de dinosaures : certains grands, d'autres petits, certains effrayants et d'autres amicaux. Il parla au redoutable Tyrannosaure Rex, qui se sentait incompris. Il rencontra un gentil Triceratops, qui voulait juste que tout le monde s'entende bien. Il parla même à un Vélociraptor intelligent qui avait un plan pour aider les deux camps.

En utilisant ce qu'il savait sur la résolution de conflits et l'amitié, Léo aida les dinosaures à comprendre que coopérer était mieux que se battre. Il leur proposa de partager le territoire, pour que chacun puisse vivre en paix. Les dinosaures furent hésitants au début, mais après avoir discuté, ils acceptèrent.

En guise de récompense, les dinosaures donnèrent à Léo un collier spécial fait d'une pierre brillante qu'ils avaient trouvée. « Cela te rappellera toujours ton aventure ici, » dirent-ils.

Avec un sourire, Léo appuya à nouveau sur les boutons de l'appareil de voyage dans le temps, et—whoosh!—il se retrouva dans son grenier.

Léo regarda autour de lui, dans sa chambre familière, toujours incrédule. Il leva le collier brillant et sourit. « Je n'oublierai jamais ça, » se murmura-t-il. Et à partir de ce jour, chaque fois que Léo regardait ses posters de dinosaures, il souriait, sachant que quelque part dans le passé, ses amis dinosaures vivaient en paix.

The Balloon Brothers' Wild Ride

The Balloon Brothers, Max and Leo, were known throughout the neighborhood for their wild and wacky inventions. Every week, they came up with something new that would amaze everyone. But their latest idea was their most daring yet: a giant hot air balloon powered entirely by candy!

"Are you sure this will work?" Leo asked, as he watched Max pour bags of jelly beans, chocolate bars, and lollipops into the balloon's engine.

"Of course! What could possibly go wrong?" Max grinned, adjusting his goggles. "It's candy—everyone loves candy!"

Soon, the brothers climbed into the basket of their gigantic hot air balloon, which was painted in bright rainbow colors and covered with all sorts of sweet treats. They pulled the lever, and—whoosh!—the candy-fueled engine roared to life. The balloon slowly lifted off the ground, rising higher and higher into the sky.

At first, everything went smoothly. They floated above the town, waving at their friends below. "This is amazing!" Leo shouted, his eyes wide with excitement.

But just as they were getting comfortable, something strange happened. The balloon started to move faster and faster. "Uh, Max... I think we're going too fast!" Leo said, gripping the edge of the basket.

Max frowned and tried to pull the lever to slow them down, but it was stuck. "Uh-oh… I think the candy is melting!" he exclaimed, watching as gooey chocolate dripped from the engine.

Before they knew it, the balloon zoomed across the sky, taking them on the wildest ride of their lives. They soared over mountains, zipped past rivers, and even dodged a flock of birds. But the craziest part was when they flew straight into a giant, fluffy cloud—only to discover that it wasn't a cloud at all.

It was a city made entirely of marshmallows!

"Whoa! This is unbelievable!" Leo said, as he looked around at the marshmallow houses, streets, and even cars.

The brothers landed their balloon in the middle of the marshmallow city, but they quickly realized they had another problem. The candy engine had completely melted, and they were stuck!

"Now what do we do?" Max asked, scratching his head.

Leo thought for a moment. "We need to work together. If we can figure out how to rebuild the engine using what we have, we might be able to get the balloon working again."

Together, the Balloon Brothers brainstormed, using bits of marshmallow, candy sticks, and gumdrops to fix the engine. It wasn't easy, but after lots of teamwork and a few sticky fingers, they finally got it working.

With a puff of marshmallow steam, the balloon lifted off again. The brothers waved goodbye to the marshmallow city as they floated back toward home, laughing about their wild adventure.

As they landed safely in their backyard, Max grinned at Leo. "Well, that was one sweet ride."

Leo chuckled. "Yeah, but next time, let's try something a little less sticky."

La folle aventure des frères Ballon

Les frères Ballon, Max et Léo, étaient connus dans tout le quartier pour leurs inventions sauvages et farfelues. Chaque semaine, ils inventaient quelque chose de nouveau qui impressionnait tout le monde. Mais leur dernière idée était de loin la plus audacieuse : une montgolfière géante alimentée entièrement par des bonbons !

« Tu es sûr que ça va marcher ? » demanda Léo, en regardant Max verser des sacs de bonbons, de barres chocolatées et de sucettes dans le moteur du ballon.

« Bien sûr ! Qu'est-ce qui pourrait mal tourner ? » répondit Max en souriant, ajustant ses lunettes de protection. « C'est des bonbons, tout le monde adore ça ! »

Bientôt, les frères montèrent dans la nacelle de leur gigantesque montgolfière, peinte de couleurs vives et recouverte de toutes sortes de friandises. Ils tirèrent sur le levier, et—whoosh!—le moteur alimenté par des bonbons se mit à rugir. Le ballon s'éleva lentement du sol, montant de plus en plus haut dans le ciel.

Au début, tout se passait bien. Ils flottaient au-dessus de la ville, saluant leurs amis en bas. « C'est incroyable ! » cria Léo, les yeux brillants d'excitation.

Mais juste au moment où ils commençaient à se détendre, quelque chose de bizarre se produisit. Le ballon commença à aller de plus en plus vite. « Euh, Max... je crois qu'on va trop vite ! » dit Léo, agrippant le bord de la nacelle.

Max fronça les sourcils et tenta de tirer le levier pour ralentir, mais il était coincé. « Oh non... Je crois que les bonbons sont en train de fondre ! » s'exclama-t-il en voyant du chocolat couler du moteur.

Avant qu'ils ne s'en rendent compte, le ballon traversait le ciel à toute vitesse, les emportant dans la course la plus folle de leur vie. Ils survolèrent des montagnes, zébrèrent des rivières et esquivèrent même un vol d'oiseaux. Mais le plus incroyable fut lorsqu'ils pénétrèrent dans un énorme nuage tout doux—pour découvrir qu'il ne s'agissait pas d'un nuage du tout.

C'était une ville entièrement faite de guimauves !

« Waouh ! C'est incroyable ! » s'exclama Léo en regardant autour de lui les maisons, les rues et même les voitures en guimauve.

Les frères posèrent leur ballon au milieu de la ville de guimauves, mais ils se rendirent vite compte qu'ils avaient un autre problème. Le moteur de bonbons avait complètement fondu, et ils étaient coincés !

« Et maintenant, qu'est-ce qu'on fait ? » demanda Max, se grattant la tête.

Léo réfléchit un instant. « On doit travailler ensemble. Si on peut trouver comment reconstruire le moteur avec ce qu'on a, on pourra peut-être faire redémarrer le ballon. »

Ensemble, les frères Ballon se mirent à réfléchir, utilisant des morceaux de guimauve, des bâtons de bonbon et des gommes pour réparer le moteur. Ce n'était pas facile, mais après beaucoup de travail d'équipe et quelques doigts collants, ils finirent par le remettre en marche.

Avec un souffle de vapeur de guimauve, le ballon s'éleva à nouveau. Les frères firent signe au revoir à la ville de guimauves alors qu'ils flottaient vers leur maison, riant de leur folle aventure.

En atterrissant en toute sécurité dans leur jardin, Max sourit à Léo. « Eh bien, c'était une sacrée aventure. »

Léo ricana. « Oui, mais la prochaine fois, essayons quelque chose d'un peu moins collant. »

The Prince Who Wanted to Be a Baker

Prince Julian was not like the other royals in his family. While his parents, King Theodore and Queen Beatrice, were busy running the kingdom, attending grand events, and making important decisions, Julian spent most of his time in the royal kitchen. He didn't care much for royal duties. What he truly loved was baking.

The castle's chef, Chef Pierre, had taught him everything he knew. From delicious cakes to flaky pastries, Julian could bake it all. He dreamed of opening his own bakery one day, but every time he mentioned it to his parents, they laughed.

"A prince cannot be a baker!" King Theodore would say, shaking his head. "You're destined to be king!"

But Julian didn't want to be king. He wanted to create new recipes, decorate cakes, and experiment with different flavors. Unfortunately, no one seemed to understand his passion.

One day, an important banquet was scheduled at the castle, with guests arriving from all over the kingdom. The pressure was on for everything to be perfect. But then disaster struck—Chef Pierre suddenly quit! He had gotten into a disagreement with the queen over the menu and stormed out of the kitchen, leaving the royal family in a panic.

"What are we going to do now?" Queen Beatrice gasped. "We have no one to cook the feast!"

Julian saw his chance. "I can do it!" he volunteered eagerly.

His parents stared at him in disbelief. "You? Cook for the banquet?" Queen Beatrice asked, her eyes wide.

"Yes! I've been learning from Chef Pierre for years. I can handle this!" Julian insisted.

With no other options, his parents reluctantly agreed. "Just don't make a mess of it," King Theodore warned.

Julian rolled up his sleeves and got to work. He was determined to prove that being a baker was just as important as being a prince. He prepared a grand feast, but with his own unique twist. Instead of the usual fancy dishes, Julian created fun, creative recipes: rainbow-colored pastries, a giant cake shaped like a dragon, and even bread rolls that looked like crowns.

When the guests arrived, they were in for a surprise. At first, they were shocked by the unusual food. But as they tasted Julian's creations, their faces lit up with delight. The food was delicious, fun, and unlike anything they had ever experienced before.

By the end of the night, the banquet was a huge success. The guests applauded Julian's creativity and praised his skills as a baker.

"Well, I never imagined a banquet like this," King Theodore said, impressed. "But it seems your baking has won everyone over."

Queen Beatrice nodded. "Maybe a prince can be a baker after all."

Julian smiled proudly. "I just followed my passion."

From that day forward, Prince Julian was known not just as the future king, but as the royal baker who always added a little extra sweetness to life.

Le prince qui voulait être boulanger

Le prince Julian n'était pas comme les autres membres de la famille royale. Alors que ses parents, le roi Théodore et la reine Béatrice, étaient occupés à diriger le royaume, à assister à de grands événements et à prendre des décisions importantes, Julian passait la plupart de son temps dans la cuisine royale. Les devoirs royaux ne l'intéressaient pas vraiment. Ce qu'il aimait par-dessus tout, c'était la pâtisserie.

Le chef du château, Chef Pierre, lui avait tout appris. Des délicieux gâteaux aux pâtisseries feuilletées, Julian savait tout faire. Il rêvait un jour d'ouvrir sa propre boulangerie, mais chaque fois qu'il en parlait à ses parents, ils riaient.

« Un prince ne peut pas être boulanger ! » disait le roi Théodore en secouant la tête. « Tu es destiné à être roi ! »

Mais Julian ne voulait pas être roi. Il voulait créer de nouvelles recettes, décorer des gâteaux et expérimenter différents goûts. Malheureusement, personne ne semblait comprendre sa passion.

Un jour, un banquet important fut organisé au château, avec des invités venant de tout le royaume. La pression était énorme pour que tout soit parfait. Mais le désastre frappa—Chef Pierre démissionna soudainement ! Il s'était disputé avec la reine à propos du menu et quitta la cuisine en colère, laissant la famille royale paniquée.

« Que va-t-on faire maintenant ? » s'exclama la reine Béatrice. « Nous n'avons plus personne pour préparer le festin ! »

Julian vit sa chance. « Je peux m'en occuper ! » proposa-t-il avec enthousiasme.

Ses parents le regardèrent, stupéfaits. « Toi ? Cuisiner pour le banquet ? » demanda la reine Béatrice, les yeux écarquillés.

« Oui ! J'apprends avec Chef Pierre depuis des années. Je peux le faire ! » insista Julian.

Sans autre solution, ses parents acceptèrent à contrecœur. « Ne gâche pas tout, » le prévint le roi Théodore.

Julian retroussa ses manches et se mit au travail. Il était déterminé à prouver que devenir boulanger était aussi important que d'être prince. Il prépara un grand festin, mais avec sa propre touche unique. Au lieu des plats habituels sophistiqués, Julian créa des recettes amusantes et créatives : des pâtisseries arc-en-ciel, un énorme gâteau en forme de dragon, et même des petits pains en forme de couronnes.

Lorsque les invités arrivèrent, ils furent surpris. D'abord, ils furent choqués par les plats inhabituels. Mais en goûtant les créations de Julian, leurs visages s'illuminèrent de plaisir. La nourriture était délicieuse, amusante et différente de tout ce qu'ils avaient goûté auparavant.

À la fin de la soirée, le banquet fut un énorme succès. Les invités applaudissaient la créativité de Julian et louaient ses talents de boulanger.

« Eh bien, je n'aurais jamais imaginé un banquet comme celui-ci, » dit le roi Théodore, impressionné. « Mais il semble que ta pâtisserie ait conquis tout le monde. »

La reine Béatrice acquiesça. « Peut-être qu'un prince peut être boulanger après tout. »

Julian sourit fièrement. « J'ai juste suivi ma passion. »

À partir de ce jour, le prince Julian fut connu non seulement comme le futur roi, mais aussi comme le boulanger royal qui ajoutait toujours un peu de douceur supplémentaire à la vie.

The Robot Best Friend

Emma was a brilliant young inventor, always tinkering with gadgets and dreaming up new creations. But while she was great at building machines, she wasn't so great at making friends. At school, she felt lonely, watching other kids laugh and play together, while she sat alone in the corner.

One day, after a particularly rough day at school, Emma decided to solve her problem in the only way she knew how: by building a robot. "If I can't make friends," she thought, "I'll just build one!"

And so, she got to work. In her small bedroom, Emma gathered wires, metal parts, and tools. She worked tirelessly for days, programming the perfect friend—a robot that would always be there for her, listen to her, and never leave her side. Finally, after a lot of hard work, the robot was complete. It was tall, shiny, and had a friendly face. Emma named it R-1.

"Hi, R-1!" she said excitedly, turning it on.

"Hello, Emma," the robot responded in a mechanical voice. "I am your friend."

At first, everything was perfect. R-1 did exactly what Emma asked. It played board games with her, helped with her homework, and even followed her to school. Emma finally felt like she had a best friend.

But soon, Emma began to notice something strange. R-1 didn't understand emotions the way people did. One day at school, Emma was feeling sad after a difficult test. She told R-1 about it, expecting some comfort.

"Sadness detected. Processing...Error. Solution: Cake?" R-1 offered.

Emma giggled. "No, R-1. Cake doesn't solve everything!"

Then, there were the awkward moments. When Emma accidentally tripped and fell, R-1 didn't understand why people laughed. It just stood there, staring, while Emma blushed in embarrassment. Or when Emma tried to explain what it meant to feel nervous before the school's science fair, R-1 simply tilted its head, confused.

"Feeling nervous is not logical," R-1 said.

Even though R-1 was helpful and loyal, Emma started to realize that something was missing. She missed the kind of connection that comes from talking to someone who truly understands. While R-1 was always there, it couldn't understand her feelings the way a real friend could.

At the science fair, Emma presented her robot to the judges. Everyone was amazed by her invention. But as she watched the other kids cheer each other on, sharing high-fives and hugs, Emma finally understood something important: real friendship wasn't about having someone who could do everything perfectly. It was about sharing emotions, understanding each other, and being there when it mattered most.

After the science fair, Emma decided to spend less time with R-1 and more time trying to make real friends. It wasn't easy at first, but she found that when she opened up to others, they were kinder and more understanding than she had imagined.

In the end, R-1 remained her robot companion, but Emma learned that true friendship could only come from real people—those who understood her feelings and shared in her experiences.

Le robot meilleur ami

——

Emma était une jeune inventrice brillante, toujours en train de bricoler des gadgets et d'imaginer de nouvelles créations. Mais même si elle était douée pour construire des machines, elle n'était pas très douée pour se faire des amis. À l'école, elle se sentait seule, regardant les autres enfants rire et jouer ensemble, tandis qu'elle restait assise seule dans son coin.

Un jour, après une journée particulièrement difficile à l'école, Emma décida de résoudre son problème de la seule manière qu'elle connaissait : en construisant un robot. « Si je ne peux pas me faire des amis, » pensa-t-elle, « je vais en fabriquer un ! »

Et c'est ainsi qu'elle se mit au travail. Dans sa petite chambre, Emma rassembla des fils, des pièces métalliques et des outils. Elle travailla sans relâche pendant des jours, programmant l'ami parfait : un robot qui serait toujours là pour elle, qui l'écouterait et ne la quitterait jamais. Enfin, après beaucoup d'efforts, le robot fut terminé. Il était grand, brillant, et avait un visage amical. Emma le nomma R-1.

« Salut, R-1 ! » dit-elle avec excitation en l'allumant.

« Bonjour, Emma, » répondit le robot d'une voix mécanique. « Je suis ton ami. »

Au début, tout était parfait. R-1 faisait exactement ce qu'Emma lui demandait. Il jouait à des jeux de société avec elle, l'aidait à faire ses devoirs et la suivait même à l'école. Emma avait enfin l'impression d'avoir un meilleur ami.

Mais bientôt, Emma commença à remarquer quelque chose d'étrange. R-1 ne comprenait pas les émotions comme les gens le faisaient. Un jour à l'école, Emma se sentait triste après un test difficile. Elle en parla à R-1, s'attendant à un peu de réconfort.

« Tristesse détectée. Traitement... Erreur. Solution : gâteau ? » proposa R-1.

Emma éclata de rire. « Non, R-1. Le gâteau ne résout pas tout ! »

Puis, il y avait les moments gênants. Quand Emma trébucha accidentellement et tomba, R-1 ne comprit pas pourquoi les gens riaient. Il se contenta de rester là, à la regarder, tandis qu'Emma rougissait de honte. Ou quand Emma tenta d'expliquer ce que cela signifiait d'être nerveuse avant la foire scientifique de l'école, R-1 inclina simplement la tête, perplexe.

« Être nerveux n'est pas logique, » dit R-1.

Même si R-1 était utile et loyal, Emma commença à réaliser qu'il manquait quelque chose. Elle manquait de cette connexion qui vient du fait de parler à quelqu'un qui la comprenait vraiment. Bien que R-1 soit toujours là, il ne pouvait pas comprendre ses sentiments comme un véritable ami le pouvait.

À la foire scientifique, Emma présenta son robot aux juges. Tout le monde fut impressionné par son invention. Mais alors qu'elle regardait les autres enfants s'encourager, se donner des high-fives et des câlins, Emma comprit enfin quelque chose d'important : la vraie amitié ne consistait pas à avoir quelqu'un qui pouvait tout faire parfaitement. Il s'agissait de partager des émotions, de se comprendre et d'être là quand cela comptait le plus.

Après la foire scientifique, Emma décida de passer moins de temps avec R-1 et plus de temps à essayer de se faire de vrais amis. Ce ne fut pas facile au début, mais elle découvrit qu'en s'ouvrant aux autres, ils étaient plus gentils et plus compréhensifs qu'elle ne l'avait imaginé.

Au final, R-1 resta son compagnon robot, mais Emma apprit que la véritable amitié ne pouvait venir que des vraies personnes—celles qui comprenaient ses sentiments et partageaient ses expériences.

The Invisible Prankster

Max was known as the biggest prankster in his small-town school. There wasn't a single day that went by without Max pulling off some kind of mischief. Whether it was putting fake bugs in his teacher's desk or swapping out the classroom chalk with soap, Max always found a way to make his classmates laugh.

One day, while rummaging through his grandfather's old attic, Max stumbled upon something incredible: an invisibility cloak. At first, he couldn't believe his eyes. It looked like an ordinary, dusty old blanket, but when he threw it over his shoulders, Max vanished completely!

"This is it!" Max grinned to himself. "I can pull off the best pranks ever with this!"

The next day at school, Max arrived early, wearing his newly discovered cloak. The moment he stepped inside, he was completely invisible. His first stop was the school cafeteria. Max couldn't resist the temptation. He snuck behind the lunch counter and switched the sugar with salt. When the kids took their first sip of their drinks, the look on their faces was priceless. Everyone in the cafeteria burst into laughter, except for those who were unfortunate enough to take a salty sip.

But that was just the beginning. Max's pranks grew bigger and bolder. He tripped people in the hallways, made their books disappear, and even switched the answers on the teacher's quiz sheets. Nobody could figure out what was happening, and Max enjoyed every second of the chaos he was causing.

However, as the days passed, Max began to notice something. The laughter from his pranks wasn't the same anymore. Instead of giggling, some of his classmates seemed frustrated. One girl even started crying when she couldn't find her homework that Max had hidden.

That evening, Max sat in his room, staring at the invisibility cloak. "It was all supposed to be fun," he muttered. "Why doesn't it feel fun anymore?"

The next day, at school, Max watched as one of his classmates, Tommy, struggled to pick up his books that had mysteriously fallen from his hands. Max was about to pull another prank, but then he remembered the girl who had cried the day before. For the first time, he thought about how his jokes might be affecting others.

Max quietly took off the cloak, walked over to Tommy, and helped him gather his things. "Thanks," Tommy said, surprised. Max smiled awkwardly. "No problem."

From that moment, Max realized something important. While his pranks had been funny at first, they were starting to hurt people. It wasn't the kind of laughter he wanted to create. Instead of using the cloak for pranks, Max decided to use it for good.

He helped his friends when they lost something, put back the answers on the quiz sheets, and even made sure the sugar and salt stayed in their proper places. The invisibility cloak, which had once been a tool for tricks, became a tool for kindness.

And in the end, Max discovered that making people smile felt much better than making them cry.

Le farceur invisible

Max était connu comme le plus grand farceur de son école dans sa petite ville. Pas un seul jour ne passait sans que Max ne fasse une blague ou ne joue un tour. Que ce soit en mettant de fausses araignées dans le bureau de sa maîtresse ou en remplaçant la craie de la classe par du savon, Max trouvait toujours un moyen de faire rire ses camarades.

Un jour, en fouillant dans le grenier de son grand-père, Max tomba sur quelque chose d'incroyable : une cape d'invisibilité. Au début, il n'en crut pas ses yeux. Cela ressemblait à une vieille couverture poussiéreuse, mais quand il la mit sur ses épaules, Max disparut complètement !

« C'est génial ! » s'exclama Max avec un sourire. « Je vais pouvoir faire les meilleures blagues de tous les temps avec ça ! »

Le lendemain, à l'école, Max arriva tôt, portant sa nouvelle cape. Dès qu'il entra, il était totalement invisible. Son premier arrêt fut la cantine de l'école. Max ne put résister à la tentation. Il se faufila derrière le comptoir et échangea le sucre contre du sel. Quand les élèves prirent leur première gorgée de boisson, la tête qu'ils firent était inoubliable. Tout le monde dans la cantine éclata de rire, sauf ceux qui avaient eu la malchance de goûter une gorgée salée.

Mais ce n'était que le début. Les farces de Max devinrent de plus en plus audacieuses. Il faisait trébucher les gens dans les couloirs, faisait disparaître leurs livres, et échangeait même les réponses des feuilles de quiz du professeur. Personne ne comprenait ce qui se passait, et Max adorait chaque seconde du chaos qu'il causait.

Cependant, au fil des jours, Max commença à remarquer quelque chose. Les rires provoqués par ses farces n'étaient plus les mêmes. Au lieu de rires joyeux, certains de ses camarades semblaient frustrés. Une fille se mit même à pleurer quand elle ne trouva pas son devoir que Max avait caché.

Ce soir-là, Max s'assit dans sa chambre, regardant la cape d'invisibilité. « Tout ça devait être amusant, » murmura-t-il. « Pourquoi est-ce que je n'ai plus l'impression que c'est drôle ? »

Le lendemain, à l'école, Max observa l'un de ses camarades, Tommy, qui luttait pour ramasser ses livres qui étaient mystérieusement tombés de ses mains. Max était sur le point de faire une autre farce, mais il se souvint de la fille qui avait pleuré la veille. Pour la première fois, il réfléchit à la manière dont ses blagues pouvaient affecter les autres.

Max retira silencieusement la cape, s'approcha de Tommy, et l'aida à ramasser ses affaires. « Merci, » dit Tommy, surpris. Max sourit timidement. « De rien. »

À partir de ce moment-là, Max comprit quelque chose d'important. Même si ses blagues étaient amusantes au début, elles commençaient à blesser les gens. Ce n'était pas le genre de rires qu'il voulait provoquer. Au lieu d'utiliser la cape pour des farces, Max décida de l'utiliser pour faire le bien.

Il aida ses amis lorsqu'ils perdaient quelque chose, remit les bonnes réponses sur les feuilles de quiz, et s'assura même que le sucre et le sel restaient à leur place. La cape d'invisibilité, qui était autrefois un outil de farce, devint un outil de gentillesse.

Et au final, Max découvrit que faire sourire les gens était bien plus agréable que de les faire pleurer.

The Time-Traveling Tortoise

Shelly the tortoise was not like the other animals in the forest. While everyone else scurried around, running here and there, Shelly took her time. She enjoyed slow walks through the woods and munching on her favorite leaves. But sometimes, Shelly wished she could be a little faster, especially when her friends left her behind during their games.

One sunny afternoon, as she wandered along a hidden path in the forest, Shelly stumbled upon something curious—a shiny old watch lying in the grass. It wasn't an ordinary watch. It sparkled with a magical glow.

"What's this?" Shelly wondered. Carefully, she picked it up with her mouth and examined it. Just as she did, the hands of the watch spun wildly, and with a flash of light, the world around her changed.

When Shelly looked up, she was no longer in her forest. She was surrounded by enormous creatures with long necks and tails. "Dinosaurs!" Shelly gasped. She had traveled back in time!

The dinosaurs moved quickly, stomping through the jungle. Shelly tried to keep up, but with her slow pace, she found herself far behind. One friendly dinosaur, a brontosaurus, slowed down to chat with her. "You're a bit slow, aren't you?" he said with a grin.

Shelly laughed. "I guess I am. But I like to take my time."

After some time exploring the prehistoric jungle, Shelly pressed the watch again. In another flash of light, she found herself in a completely different time—ancient Egypt! Pyramids towered in the distance, and people were bustling about, building massive structures and carving hieroglyphs.

Shelly wandered slowly through the busy scene, dodging workers carrying heavy stones. "What's the rush?" she wondered aloud as she watched the hectic activity around her. But no one paid attention to the slow-moving tortoise.

Next, Shelly traveled to the time of knights and castles. She arrived right in the middle of a jousting tournament! The knights raced toward each other on horseback, and the crowd cheered loudly. Shelly, of course, couldn't keep up with all the excitement. She slowly crawled across the field, nearly getting caught between the horses' hooves.

"Excuse me!" Shelly said, dodging a charging knight. "Maybe I'll just watch from the sidelines."

With each trip, Shelly found herself in a new and fast-paced world—whether it was the bustling streets of Victorian London or a futuristic city filled with flying cars, everything moved so quickly. But no matter where she went, Shelly remained the same: slow and steady.

At first, Shelly thought she needed to keep up with everyone around her, but soon she realized that her slow pace wasn't a problem—it was a gift. She could take in the sights, observe the details, and enjoy the moment, something many others didn't seem to do.

Finally, after many adventures, Shelly decided it was time to go back to her own forest. With one last press of the magical watch, she returned home. The trees and the gentle sound of the wind welcomed her, and Shelly smiled.

"Being slow isn't so bad after all," she said to herself. "I got to see so much because I didn't rush."

From that day on, Shelly didn't wish to be faster anymore. She was happy just the way she was, enjoying each moment and knowing that even a slow tortoise could travel through time and have incredible adventures.

La tortue voyageuse dans le temps

Shelly la tortue n'était pas comme les autres animaux de la forêt. Pendant que tout le monde courait de ci de là, Shelly prenait son temps. Elle aimait se promener lentement dans les bois et grignoter ses feuilles préférées. Mais parfois, Shelly souhaitait pouvoir être un peu plus rapide, surtout lorsque ses amis la laissaient derrière pendant leurs jeux.

Un après-midi ensoleillé, alors qu'elle suivait un sentier caché dans la forêt, Shelly tomba sur quelque chose de curieux—une vieille montre brillante posée dans l'herbe. Ce n'était pas une montre ordinaire. Elle scintillait d'une lueur magique.

« Qu'est-ce que c'est ? » se demanda Shelly. Prudemment, elle la ramassa avec sa bouche et l'examina. À ce moment-là, les aiguilles de la montre tournèrent follement, et dans un éclair de lumière, le monde autour d'elle changea.

Quand Shelly leva les yeux, elle n'était plus dans sa forêt. Elle était entourée d'immenses créatures au long cou et à la longue queue. « Des dinosaures ! » s'exclama Shelly. Elle avait voyagé dans le passé !

Les dinosaures bougeaient rapidement, piétinant la jungle. Shelly tenta de les suivre, mais avec son rythme lent, elle se retrouva rapidement loin derrière. Un dinosaure amical, un brontosaure, ralentit pour lui parler. « Tu es un peu lente, n'est-ce pas ? » dit-il avec un sourire.

Shelly rit. « Je suppose que oui. Mais j'aime prendre mon temps. »

Après avoir exploré la jungle préhistorique, Shelly appuya à nouveau sur la montre. Dans un nouvel éclair de lumière, elle se retrouva à une époque complètement différente—l'Égypte antique ! Les pyramides se dressaient au loin, et les gens s'affairaient à construire d'immenses structures et à graver des hiéroglyphes.

Shelly se promena lentement à travers cette scène animée, esquivant les ouvriers portant de lourdes pierres. « Pourquoi toute cette précipitation ? » se demanda-t-elle à voix haute en regardant l'activité frénétique autour d'elle. Mais personne ne faisait attention à la tortue lente.

Ensuite, Shelly voyagea à l'époque des chevaliers et des châteaux. Elle arriva en plein milieu d'un tournoi de joute ! Les chevaliers galopaient les uns vers les autres à cheval, et la foule applaudissait bruyamment. Shelly, bien sûr, ne pouvait pas suivre tout ce tumulte. Elle traversa lentement le champ, manquant de peu de se faire écraser par les sabots des chevaux.

« Excusez-moi ! » dit Shelly, esquivant un chevalier lancé au galop. « Je vais peut-être juste regarder depuis le bord du terrain. »

À chaque voyage, Shelly se retrouvait dans un nouveau monde au rythme effréné—que ce soit dans les rues animées du Londres victorien ou dans une ville futuriste remplie de voitures volantes, tout allait si vite. Mais où qu'elle aille, Shelly restait la même : lente et régulière.

Au début, Shelly pensait qu'elle devait suivre le rythme de ceux qui l'entouraient, mais bientôt elle réalisa que son rythme lent n'était pas un problème—c'était un atout. Elle pouvait admirer les paysages, observer les détails et profiter de l'instant, quelque chose que beaucoup d'autres ne semblaient pas faire.

Finalement, après de nombreuses aventures, Shelly décida qu'il était temps de retourner dans sa propre forêt. Avec une dernière pression sur la montre magique, elle rentra chez elle. Les arbres et le doux bruit du vent l'accueillirent, et Shelly sourit.

« Être lente n'est finalement pas si mal, » se dit-elle. « J'ai pu voir tellement de choses parce que je ne me suis pas précipitée. »

À partir de ce jour, Shelly ne souhaita plus être plus rapide. Elle était heureuse telle qu'elle était, profitant de chaque moment et sachant qu'une tortue lente pouvait tout de même voyager dans le temps et vivre des aventures incroyables.

The Pirate Who Hated Water

Captain Squidbeard was not your typical pirate. With a fluffy black beard that looked like it belonged to a squid and a glimmering pirate hat adorned with shiny jewels, he looked every bit the part. However, he had one great secret—he was absolutely terrified of water!

"Arrr! Water be the enemy!" he would bellow, shaking his fist at the ocean as if it had personally wronged him. His crew, a ragtag group of swashbucklers, often spent their days on land, searching for treasure and chasing seagulls instead of sailing the high seas.

One sunny morning, as they gathered around a campfire on the beach, First Mate Polly Parrot squawked, "Captain, we need to sail! There be rumors of a treasure hidden on Mermaid Island, and the only way to get there is by ship!"

Captain Squidbeard gulped. "But, but... the water!" He shivered at the thought. The last time he had set foot on a ship, he'd slipped on a wet deck and fell right into the ocean. The memory made him tremble.

His crew exchanged glances, and then Polly flapped her wings excitedly. "We can't let fear stop us, Captain! We can be heroes!"

With a deep breath and a promise of treasure, Captain Squidbeard reluctantly agreed. The crew cheered as they prepared the ship, the Sea Jelly, for the journey. Captain

Squidbeard stood at the helm, gripping the ship's wheel with sweaty hands.

As they set sail, the waves rocked the ship gently. "See, Captain? Just a little wave!" Polly chirped cheerfully, but Captain Squidbeard's eyes were wide with fright.

Suddenly, a strong gust of wind blew through the sails, and the ship started to tilt! Captain Squidbeard squeaked in horror. "I'm going to sink! I'm going to sink!"

The crew, however, took it all in stride. "Hold on tight, Captain!" they shouted, laughing as they secured the sails. Captain Squidbeard realized that the more he panicked, the more the crew laughed. It was ridiculous!

The sea spray hit his face, and for the first time, he felt a strange sensation—a mix of fear and excitement. As they sailed on, he couldn't help but notice how beautiful the ocean looked under the sun, sparkling like a million jewels.

Then came the moment of truth. A massive wave crashed against the ship! Instead of cowering, Captain Squidbeard stood tall. "This is nothing!" he roared, surprising even himself. "We're pirates! We can handle anything!"

With a newfound confidence, he yelled, "All hands on deck! Let's steer this ship to Mermaid Island!" His crew cheered, and they all worked together to navigate through the waves.

When they finally reached Mermaid Island, the treasure was more magnificent than he had imagined—gold coins, shimmering pearls, and mysterious artifacts. Captain

Squidbeard realized that facing his fears had led to an incredible adventure and a treasure beyond his wildest dreams.

As they sailed back home, Captain Squidbeard looked out over the ocean. "Maybe water isn't so bad after all!" he said, chuckling at his own silliness. His crew laughed along, and they all agreed that facing fears was the greatest treasure of all.

Le pirate qui détestait l'eau

Le Capitaine Barbe-Sepia n'était pas un pirate ordinaire. Avec sa grosse barbe noire qui ressemblait à celle d'un calmar et son chapeau de pirate étincelant orné de joyaux brillants, il avait tout du vrai pirate. Cependant, il avait un grand secret—il avait une peur bleue de l'eau !

« Arrr ! L'eau est l'ennemi ! » hurlait-il, secouant le poing vers l'océan comme s'il avait été personnellement offensé. Son équipage, un groupe hétéroclite de flibustiers, passait souvent ses journées sur la terre ferme, cherchant des trésors et poursuivant des mouettes au lieu de naviguer sur les mers.

Un matin ensoleillé, alors qu'ils se rassemblaient autour d'un feu de camp sur la plage, le Premier Matelot Polly Perroquet cria : « Capitaine, il faut naviguer ! Il y a des rumeurs d'un trésor caché sur l'île des Sirènes, et le seul moyen d'y parvenir est par bateau ! »

Le Capitaine Barbe-Sepia déglutit. « Mais, mais... l'eau ! » Il frissonna à cette pensée. La dernière fois qu'il avait mis les pieds sur un bateau, il avait glissé sur un pont humide et était tombé directement dans l'océan. Ce souvenir le faisait trembler.

Son équipage échangea des regards, puis Polly battit des ailes avec enthousiasme. « Nous ne pouvons pas laisser la peur nous arrêter, Capitaine ! Nous pouvons être des héros ! »

Avec un profond soupir et une promesse de trésor, le Capitaine Barbe-Sepia accepta à contrecœur. L'équipage acclama alors qu'ils préparaient le bateau, la Méduse, pour le voyage. Le Capitaine Barbe-Sepia se tenait à la barre, agrippant le volant du bateau avec des mains moites.

Alors qu'ils prenaient le large, les vagues balançaient doucement le navire. « Tu vois, Capitaine ? Juste une petite vague ! » s'exclama Polly avec joie, mais les yeux du Capitaine Barbe-Sepia étaient écarquillés de terreur.

Soudain, une forte rafale de vent souffla dans les voiles, et le bateau commença à pencher ! Le Capitaine Barbe-Sepia poussa un cri d'horreur. « Je vais sombrer ! Je vais sombrer ! »

L'équipage, cependant, prenait tout cela avec humour. « Accroche-toi bien, Capitaine ! » criaient-ils, riant en sécurisant les voiles. Le Capitaine Barbe-Sepia réalisa que plus il paniquait, plus l'équipage riait. C'était ridicule !

Le brouillard de mer lui éclaboussa le visage, et pour la première fois, il ressentit une étrange sensation—un mélange de peur et d'excitation. Alors qu'ils avançaient, il ne pouvait s'empêcher de remarquer à quel point l'océan était beau sous le soleil, scintillant comme un million de bijoux.

Puis vint le moment décisif. Une énorme vague s'écrasa contre le navire ! Au lieu de se recroqueviller, le Capitaine Barbe-Sepia se redressa. « Ce n'est rien ! » rugit-il, surprenant même lui-même. « Nous sommes des pirates ! Nous pouvons tout gérer ! »

Avec une nouvelle confiance, il cria : « Tous sur le pont ! Naviguons vers l'île des Sirènes ! » Son équipage acclama, et tous travaillèrent ensemble pour naviguer à travers les vagues.

Lorsqu'ils atteignirent enfin l'île des Sirènes, le trésor était plus magnifique qu'il ne l'avait imaginé—des pièces d'or, des perles scintillantes et des artefacts mystérieux. Le Capitaine Barbe-Sepia réalisa que faire face à ses peurs l'avait conduit à une incroyable aventure et à un trésor au-delà de ses rêves les plus fous.

Alors qu'ils naviguaient de retour chez eux, le Capitaine Barbe-Sepia regarda l'océan. « Peut-être que l'eau n'est pas si mauvaise après tout ! » dit-il en riant de sa propre bêtise. Son équipage ria avec lui, et ils convinrent tous que faire face à ses peurs était le plus grand trésor de tous.

The Girl with the 100 Pets

Mia was a girl who loved animals more than anything in the world. She spent her days dreaming of having every kind of pet imaginable—dogs, cats, birds, reptiles, you name it! One evening, as she stared out her window at the stars, she closed her eyes and made a heartfelt wish. "I wish I could have every pet in the world!"

The next morning, Mia woke up to a loud commotion outside her door. Confused, she rushed down the stairs and opened the front door. To her astonishment, there were hundreds of animals gathered at her doorstep! There were fluffy puppies barking, kittens mewing, birds chirping, and even a few turtles slowly waddling around.

"Oh my goodness!" Mia exclaimed, her eyes wide with excitement. "My wish came true!" But as she looked at the scene before her, a wave of realization washed over her. How on earth was she going to take care of all these animals?

Mia's house quickly turned into a chaotic zoo. The puppies chased the kittens, while the birds fluttered around her head. Turtles were exploring every corner, and a curious parrot landed on Mia's shoulder, squawking, "Hello, Mia!"

Mia loved each and every one of them, but it was clear she was in over her head. She tried to feed them, but it seemed like the more animals she fed, the hungrier they became! She filled bowls with food, but before she could turn around, all the animals were bouncing around her, trying to grab bites from each other's bowls.

"Mia, you've got to get organized!" she told herself. "You can't let them run wild like this!" So, she set up a schedule. Each animal needed attention, food, and a place to play.

She created a pet zone in her backyard with different areas for dogs, cats, birds, and reptiles. Mia was busy from sunrise to sunset, running from one group of animals to the next. Although it was exhausting, she realized that taking care of all these animals was not only hard work but also incredibly rewarding.

After a few days, Mia noticed something amazing happening. The animals started to get along! The puppies played with the kittens, the birds sang beautiful songs, and the turtles even formed a little parade. Mia laughed as she watched her newfound family of pets thrive.

However, she also began to understand the responsibility that came with her wish. It wasn't just about having fun with her pets; it was about caring for them and ensuring they were happy and healthy. "I need help!" Mia decided. So she reached out to her friends and family, and together, they turned Mia's house into a proper pet sanctuary.

From then on, Mia learned to appreciate the joy of caring for animals while also understanding the importance of kindness and responsibility. Although her wish had led to chaos at first, it ultimately brought her closer to the animals and her community.

As she sat in her backyard, surrounded by her furry and feathery friends, Mia realized that having a pet is not just about wanting one; it's about being a loving and responsible owner. And while she may not have had every pet in the world, she had created a home filled with love and laughter—and that was worth more than all the pets combined.

La fille aux 100 animaux de compagnie

Mia était une fille qui aimait les animaux plus que tout au monde. Elle passait ses journées à rêver d'avoir tous les types d'animaux de compagnie imaginables—chiens, chats, oiseaux, reptiles, tout ce que vous voulez ! Un soir, alors qu'elle regardait par la fenêtre les étoiles, elle ferma les yeux et fit un vœu sincère. « Je souhaite pouvoir avoir tous les animaux de compagnie du monde ! »

Le lendemain matin, Mia se réveilla avec un bruit assourdissant dehors. Confuse, elle se précipita dans les escaliers et ouvrit la porte d'entrée. À sa grande surprise, des centaines d'animaux étaient rassemblés devant chez elle ! Des chiots duveteux aboyaient, des chatons miaulaient, des oiseaux pépiaient, et même quelques tortues se déplaçaient lentement.

« Oh mon Dieu ! » s'exclama Mia, les yeux écarquillés d'excitation. « Mon vœu s'est réalisé ! » Mais en regardant la scène devant elle, une vague de réalisations l'envahit. Comment diable allait-elle s'occuper de tous ces animaux ?

La maison de Mia se transforma rapidement en un zoo chaotique. Les chiots chassaient les chatons, tandis que les oiseaux volaient autour de sa tête. Les tortues exploraient chaque coin, et un perroquet curieux se posa sur l'épaule de Mia, criant : « Bonjour, Mia ! »

Mia adorait chacun d'eux, mais il était clair qu'elle était dépassée. Elle essaya de les nourrir, mais il semblait que plus elle nourrissait les animaux, plus ils avaient faim ! Elle remplit des bols de nourriture, mais avant qu'elle puisse se retourner, tous les animaux sautèrent autour d'elle, essayant de prendre des bouchées dans les bols des autres.

« Mia, tu dois t'organiser ! » se dit-elle. « Tu ne peux pas les laisser courir comme ça ! » Elle établit donc un emploi du temps. Chaque animal avait besoin d'attention, de nourriture et d'un endroit pour jouer.

Elle créa une zone pour animaux dans son jardin avec des espaces différents pour les chiens, les chats, les oiseaux et les reptiles. Mia était occupée du lever au coucher du soleil, courant d'un groupe d'animaux à l'autre. Bien que ce fût épuisant, elle réalisa que s'occuper de tous ces animaux n'était pas seulement un travail difficile mais aussi incroyablement gratifiant.

Après quelques jours, Mia remarqua quelque chose d'incroyable. Les animaux commençaient à s'entendre ! Les chiots jouaient avec les chatons, les oiseaux chantaient de belles chansons, et les tortues formaient même une petite parade. Mia riait en regardant sa nouvelle famille d'animaux prospérer.

Cependant, elle commença également à comprendre la responsabilité qui accompagnait son vœu. Ce n'était pas seulement amusant d'avoir des animaux de compagnie ; c'était aussi prendre soin d'eux et s'assurer qu'ils soient heureux et en bonne santé. « J'ai besoin d'aide ! » décida Mia. Elle contacta donc ses amis et sa famille, et ensemble, ils transformèrent la maison de Mia en un véritable sanctuaire pour animaux.

Dès lors, Mia apprit à apprécier la joie de s'occuper des animaux tout en comprenant également l'importance de la gentillesse et de la responsabilité. Bien que son vœu ait d'abord mené au chaos, il l'avait finalement rapprochée des animaux et de sa communauté.

Alors qu'elle était assise dans son jardin, entourée de ses amis à fourrure et à plumes, Mia réalisa que posséder un animal de compagnie ne consistait pas seulement à en vouloir un ; il s'agissait d'être un propriétaire aimant et responsable. Et bien qu'elle n'ait pas eu tous les animaux du monde, elle avait créé un foyer rempli d'amour et de rires—et cela valait plus que tous les animaux réunis.